더 아름다운 세상을 꿈꾸는

눈물의 문장들을 보냅니다.

모과를 지나는 구름의 시간에

조수일 드림 조수일

모과를 지나는 구름의 시간

시산맥 기획시선 080

모과를 지나는 구름의 시간
시산맥 기획시선 080
_____

초판 1쇄 발행 | 2022년 01월 20일
초판 2쇄 발행 | 2022년 04월 22일

지 은 이 | 조수일
펴 낸 이 | 문정영
펴 낸 곳 | 시산맥사
편집주간 | 김필영
편집위원 | 오현정 강 수 최연수
등록번호 | 제300-2013-12호
등록일자 | 2009년 4월 15일
주   소 | 03131 서울특별시 종로구 율곡로 6길 36,
　　　　　월드오피스텔 1102호
전   화 | 02-764-8722, 010-8894-8722
전자우편 | poemmtss@hanmail.net
시산맥카페 | http://cafe.daum.net/poemmtss

ISBN 979-11-6243-274-7 03810

값 10,000원

* 이 책은 전부 또는 일부 내용을 재사용하려면 반드시 저작권자와 시산맥
　사의 동의를 받아야 합니다.
* 이 책은 교보문고와 연계하여 전자북으로 발간되었습니다.

모과를 지나는 구름의 시간

조수일 시집

* 본문 페이지에서 한 연이 첫 번째 행에서 시작될 때에는 〈 표기를 합니다.
* 저자의 의도에 따라 작품의 보조 동사와 합성 명사는 띄어쓰기가 달라질 수 있습니다.

■ **시인의 말**

시와 시인은 오랜 갈망이자 동경이었습니다

까치발인 채 서성이며 기웃거린 지도 스무 해가 되어 갑니다

감히, '나의 당신'이라 칭해 봅니다

사막을 걷듯 들끓었던 젊은 날에도 나의 당신이 있어

외롭지도 슬프지도 않았습니다

혹독했던 첫사랑 같은 가슴앓이 밤들이 더러 출몰해,

훌쩍거리기도 했지만

어쩌면 내 평생의 반려일 것이 분명합니다

다다르고픈 꿈의 꼭짓점이며 걷고픈 허공의 내벽이니까요

굼뜨고 어눌한 제 스무 해의 날숨들을 여기 엮습니다

나의 당신이 있어 복병 같은 제 불우와 불구를 견뎠듯이

내 안과 밖의 그리운 이름인 하 많은 나의 당신들에게도

한 줌 위로이기를 두 손 모아 봅니다

— 사철 옷 갈아 입는 영산강 나주 들판의 푸르른 기운으로 자란, 조수일

■ 차 례

1부

모과를 지나는 구름의 시간 _ 019

세족을 읽다 _ 020

나를 아세요? _ 022

수막새의 미소 _ 024

조커의 왕국, _ 026

당신을 읽다 _ 028

들키고 싶은 적막 _ 030

봉숭아의 독백 _ 032

민들레 골목 _ 034

여름사냥 _ 036

돌린다는 형용, _ 038

양파의 순장 _ 040

해비 _ 042

유월의 망초 _ 044

2부

굿바이 슬픔 _ 049

목련에 울다 _ 050

늪은, _ 052

어느 클라이머의 서술 _ 054

귓불 붉은 저물녘 _ 056

슬픔에 관한 소고 _ 058

그림자의 진술 _ 060

내 안의 구석기, 알타미라 동굴이 궁금해요 _ 062

쿠데타 _ 064

눈꽃 _ 066

오리무중 세 치 _ 068

저녁의 노래 _ 070

스키와 接하다 _ 072

영산나루에서 _ 074

3부

싯딤의 노래 _ 079

염장이 아버지 _ 080

앵글로피쉬의 변명 _ 082

연어의 회귀 _ 084

토루의 저물녘 _ 086

어부바 _ 088

갈라파고스의 무희 _ 090

북태평양 고기압과 흰 달 _ 092

귀뚜라미 소리 _ 093

하늘 매 발톱 꽃 _ 094

탐하다 _ 096

산란 _ 098

그리움은 그리워서 길을 내고, _ 100

여귀꽃 _ 102

4부

물방울 그녀 _ 107

노마드의 변방 _ 108

秀美 감자 _ 110

유성우로 흐르는, _ 112

노두의 저물녘 _ 114

블라디보스톡행 후, _ 116

몸뻬꽃 _ 118

우포늪에서 _ 120

엘사의 아침 _ 122

지구본을 돌리며 _ 124

꽃무릇 _ 126

가을 무희舞嬉 _ 127

아버님을 추억하며 _ 128

통곡의 벽 앞에서 _ 130

■해설 | 문정영(시인) _ 133

1부

모과를 지나는 구름의 시간

 어제의 시간을 모과의 오후라 부를래요

 홀로 폭삭, 익어버렸으니까요

 그림자를 벗어 놓고 떠나온 남녘의 어느 바닷가였어요 간간히 드나드는 바람이 유일한 여행자, 쓸쓸히 낡아갈 일만 남은 저물녘에 덧씌우는 당신의 방식을 힘껏 비켜서고 싶었어요 시야 밖, 홀로 영글어 오래오래 매달린 가을볕의 샛노란 꿈이 나였으면
 타인의 시간으로 비행을 일삼는 나는 더는 꽃일 수 없는 야생일까요 수직의 통증처럼 우르르 떨어지는 낙과가 당신일까요 갈변이다가 파묻혀 벌레 슬어가는 최후일까 봐 훌쩍도 거렸어요 높이 걸려 염탐을 일삼는 당신은 꿈의 꼭짓점, 끝내 발굴되지 않는 향기로운 꽃무덤이고 싶었던 나는 이유 없이 줄곧 어두워가는 그늘이었으므로, 암각이었으므로 그 점에 이어져 있었어요

 뚝뚝, 파발처럼 나를 선회하는 한 무리 구름은 오랜 내일이니까요

세족*을 읽다

얼굴 본 적 없는 미소년이
여린 새순 같은 무릎을 낮추고
허릴 굽혀 발을 씻긴다
얼굴 가득 살얼음이
고산의 슬픈 흔적처럼 거무스레 스며 있다
소년이 손을 움직일 때마다
수줍음이 얼굴 가득 일렁인다
찰방찰방 물과 물이 부딪히는 소리가 잠시
굳어버리곤 하는 공기를 희석 시킬 뿐이다
천장 가득 흐릿한 조명이 지루한 듯 눈을 껌뻑인다
불빛 아래 물속,
꼼지락 거리는 손놀림이
등 붉은 물고기 꼬리지느러미를 닮았다고 문득, 생각한다
바다의 어류를 본 적 없는 소년은
어디서 물고기의 몸놀림을 대대로 답습한 것일까
먼 옛날 유대 땅,
무릎 굽혀 발을 씻긴 눈 깊은 한 사내를 떠올린다
생각 없이 누운 나와의 괴리는 얼마쯤일까

〈
너무 멀리 밀려와 버린,
너무 많이 잊어버리고 살아 온 내가
고산의 살얼음처럼 뒤척인 밤이다

* 예수님이 제자들의 발을 씻긴 섬김의 자세를 일컫는다.

나를 아세요?

줄곧 나를 읽고 있는 당신,
간밤 내 페이지 어디쯤에 붉은 밑줄 그었을까요

살아내는 일이
봄볕 견디는 것처럼 아득해
농익도록 방치한 채 살아온 숱한 물집들
그 숨겨온 흉터를 꽃무늬라, 한때 당신은 그랬지요
울컥울컥 쏟아놓은 산수유 샛노란 눈물 같은
슬픔의 페이질 흰 손가락으로 짚으며
건너가고픈 가교라고, 한때 당신은 그랬지요
눈먼 새인 당신은
사육이 명징한 사랑의 통권이라 했고
눈 뜬 난, 거세된 펄럭이는 낱장이고 싶었을까요
유려한 당신이 짐 지운 수식어는
목구멍 속 싸늘히 식은 비명으로
구슬픈 한철의 허밍으로
새의 울음처럼 우뚝 걸렸을까요
줄곧 통째로 날 읽어 내리는 만발한 당신,
어쩌면 낱자 속으로 숨어든 날 다 읽지 못할

슬픈 먼 당신,

눈 끝 시린 늙은 새 한 마리
제 그림자를 거두고 있는 닳은 부리, 보이나요?

수막새*의 미소

지구 밖 어디쯤을 기웃거린다는 당신이
수소문해 보내준 미소를 오늘 받았습니다
들풀처럼 손끝이 떨렸습니다
마저 시들기 전 한 번은 보고 살자던 밀약이 떠오릅니다
수천 년이 지난 후 흙더미 속에서 발굴된 미소라 했습니다
망연하게 떠도느라 턱선을 잃었다고 했습니다
가난한 아낙의 나와
흙 주무르는 일밖에 몰랐던 당신의 토속 시절
천년 고도 어느 비탈진 땅에서
머리를 맞대고 누워 듣던 여름비가 생각나는지요
거스르는 바람 소리에도 꾹꾹 웃음이 나던
뭉개진 혀로 흙만 찍어 먹어도 헤실거려지던
신라의 달밤이었던 우리는
서로를 앓는 환청이었을까요
낯선 외지에서 보낸 연민의 아바타
먼 이국에서 보낸 시간의 변방은 징용이었습니다
한철의 순간이 추문으로 굳기 전

찾아든 미소가 어쩌면
내 생 가장 빛나는 귀환이었습니다
귀퉁이를 잃고서야 비로소 완성에 드는 꿈
손을 뻗으면 시야가 사라지는 허공의 외전外傳을 읽습니다
잃어버린 수막새 반쪽을 맞으러 갈 채비를 합니다
깜깜히 놓친 시간은 얼마나 두근거리는 처연함일까요
부유하던 미소가 피어날 시간입니다

* 신라의 미소로 불리는, 1934년 일본으로 반출되었다 돌아온 환수문화재로 2018년 보물로 지정됨.

조커의 왕국,
- 영산강변의 억새

나는 혼잣말이 세운 왕조입니다

검푸른 투구를 쓰고 멀리 변방을 주시하며 호령을 일삼던
시절도 있었습니다

일상의 누추를 뒤덮는 퍼런 잎은 계절을 잠식하는
한때의 무기이기도 하였습니다

언덕배기든 능선이든 하늘 한켠 환히 덮는 은빛 산란은
당도해야 할 거점이기도 하였을까요

외따로 외따로가 외로워 목덜미를 맞대고
아침을 넘고
계절을 넘느라
어쩌면 유아독존 종족으로 통칭되기도 하였을까요

나날이 텅텅 비어가는 속내를 들킬까 꽃으로 돋은 머리칼은

어느새 날큼한 화살촉이 되었습니다

목덜미를 흔들면 내가 모르는 가시 돋친 촉들이 우수수
검은 새 떼처럼 환락을 뒤덮고 마는,

내 몸 마디마디는 왜 광대 같은 눈물의 낱알로
아픈 구석일까요 혼자 우스운 공화국일까요

당신을 읽다

잎 지는 가로수, 신호등에 걸려서 였을 거야

어깨를 나란히 하고 섰는데도 머쓱한 웃음이 뚝, 떨어진 것은

적의 없는 바람이 훑고 가고

이쯤이 당신을 돌려세울 지점이라고 생각했을지 몰라

돌아서 참새 같은 눈물 두어 방울이 나를 실금 내겠지만

서럽도록 집착한 계절이었어

울긋불긋 물들 수 있으리란 마음은 허상이었는지도 몰라

흙속 부르튼 시간을 건너뛴 생략된 마음이 문제였어
〈

두근대는 심장 소리이면서도 우린 포개진 어둠으로 눕고 말았으니

   기웃거리다 광합성 작용도 못 하고 만, 해 짧은 날들

   나 문득 푸르고 정다웠던 당신을 버리려고 해

   가을날처럼 웃던 흰 이만 기억할 게

   싱싱한 맨몸으로 오래오래 꽂힐 먼 어느 날의 당신

들키고 싶은 적막

옥수수 밭을 지나요

쑥쑥 자란다는 말, 거스르는 순간 같아요

한 꺼풀 벗겨 연둣빛 그물맥 옷을 지어 입고 싶어요

누군가를 기다리다 지친 듯 위태로운 목덜미에 자꾸 눈이 가요

순간을 꿰차고 마구 달리고 싶어요

경중경중 앞서거니 뒤서거니,

초원을 달리던 아프리카 곱슬머리 마라토너의 검은 발목이 생각나요

가슴까지 차오르는 무릎의 각도는

철 지난 사랑을 들추는 푸른 허밍일까요

〈

쏴쏴, 한꺼번에 쏟아내는 울음에 더는 속지 않을래요

한껏 휘청거리는 위태로움도 키를 늘려가는 당신의 방식이라고,

애써 들키고 싶은 적막이라고,

독점하는 비밀을 나, 키워 갈래요

흉곽 속의 순간을 들숨처럼 길들이고 있어요

보아요, 당신의 은빛 갈기가 돋았어요

봉숭아의 독백

한 철은 너무 짧아요
난 아직 피우지도, 붉게 물들지도 못했는데 어둑어둑 비는 내려요
폭삭, 질까 두려워요
여린 내 입술, 뭉개질까 겁이 나요
내 그리움의 꽃술 안쪽, 아직 반짝이는 눈물로 자라고 있는데
어둑어둑 비는 내려요
아무도 몰래 난 영글어 가고 있어요
까맣게 영글어 누군가의 지친 등걸에 발아될 허기진 꿈,
어둑어둑 비는 내려요
아직 단꿈에 젖고 싶어요
하롱하롱 첫눈이 내리는 날
아득한 눈길로 사랑을 이루고
단 한번, 순결히 허락될 잠,
감미로운 늑골에서 깨어날 아침을
난 목 빼물고 기다려요
노을이 지고 밤이 내리듯, 기다려요

어둑어둑 비는 내려요
발밑으로 어둠이 한 장, 철렁 떨어져요

민들레 골목

나의 골목은 무채색이었네

머리맡으로 아침저녁 발길은 분주히 흘렀네

블록 틈새 간니처럼 돋은
눈 뜸 하나

세상의 색을 무색하게 물리친 유색이었네

부르지 않아도 발길들은 멈춰서 오래오래 응시했네

오래된 얼룩을 닦으며
왜소증 안쪽이 나는 궁금했네

색으로 배를 채운 사람들은 너나없이 웃음을 문
앉은뱅이 꽃들이 되어갔네
꿈들이 짤랑거리는 골목 안,
〈

무색을 밀어낸 톱니바퀴 한 톨의 샛노랑, 혁명이었네

여름사냥

사냥을 떠날까 봐요
은근하게 굽은 화살을 메고
용맹하게 보이는 투구를 쓰고
끓는 지열을 쿵쾅거리며 여 전사처럼 나설래요
산맥처럼 누운 검은 아스팔트를 모조리 걷어낼래요
굳은 표정의 콘크리트도 훅, 걷어낼래요
텁텁한 방귀를 한 사발씩이나 게워내는
시커먼 고래 떼 같은 타이어들을 일시에 구멍 내고 말래요
내장들이 훤히 보이는 빌딩의 숲을
씩씩한 장검으로 무 자르듯 잘라
착하디착한 단층만 우후죽순, 남길래요

원시의 수식어만 남기고 말래요

먼 옛날
유대 광야를 앞서 걸었다는 구름 기둥을 빌려 올래요
붉은 황토가 펼쳐지는 평지를 만들래요
구름이 걸터앉아 해가 지도록 놀다 가는

구상나무 군락을 불러다 앉힐래요

그악스레 울던 참매미
시의 산맥에 얹혀 낮잠도 자게하고
산을 넘어 사라진 토종 나비 떼의 진혼곡은
더 이상 부르지 않게 할래요
그간 실종되었던 야산들도 수소문해 복귀시키고

끓는 아스팔트 위를 용맹하게 걸어갈래요
지금은 수렵을 마친 여 전사가
내일을 계획하는 중이에요

돌린다는 형용,

 그가 나를 긋고 갔네 긁힌 가슴팍에서 핏물이 배어 났네 이마 위로 초승달이 떠오르고 막다른 골목 같은 허기가 몰려왔네 기울어 사선으로 고개를 떨군 낯빛을 읽을 수 없어 빛을 거두어야 할 시간임을 나는 직감했 네 기도처럼 읊조려도 비대칭의 나는 자꾸만 넘어졌네

 자판 위 팽이처럼 도느라 색을 잃었네 어지럼증이 일 어 기억에 없는 질문이 방울방울 흘렀네 얼굴 없는 아 침이면 꽃들은 다투어 피고 혈통 모를 새들이 구슬피 울다 갔네 해진 부리들이 낱장처럼 나를 넘겼네 베낄 대상을 잃어 대기권 밖 이름 없는 행성처럼 유랑을 했 네 부스러진 암석처럼 흩어진 비명들, 흥정도 하기 전 에 거절당한 구슬픈 날들이었네

 낯선 당신의 시간을 거두고 말래요 북태평양 고기 압 가장자리에 들어 열기 오르는 땡볕을 만들고 말래 요 그 아래를 휘파람 날리며 빙빙 도는 여 전사 어때 요?
 〈

저기 흉터가 피워낸 꽃숭어리 떼 흰 달처럼 떠오르는 걸요
　목격되지 않은 형용의 군무처럼

양파의 순장

어디쯤이었을까, 붉은 심장을 베고 누우면
머리 위로 아늑히 흐르던 구름의 떼와 바람의 결
살랑이면서 뒤척이면서 굼실대면서,

머리채가 사납게 뽑히던 어느 날
무더기로 어디엔가 수몰된 방류처럼 쏟아지고 힘껏 들이부어졌던가

무례히 밀봉된 어둠이 몸을 더듬고 지났던가

향기로웠던 젖내 같은 흙내음도 그믐처럼 희미해졌던가

호명되지 않던 무위의 시간

까마득해지던 몇 번의 혼절이 다녀가고 이내 모든 시간은
붉게 충혈되었던가
〈

바스락거리던 마른 낙엽만 나뒹굴던 늦가을 공터처럼 비어져 갔던가

한줄기 번개처럼 나를 뚫고 돋아난 등 푸른 싹,

푸석한 미라로 휘발되어 가는 순한 당신과
매운 나의 도치였던가

해비[*]

쨍, 해는 떴는데 후드득 비가 내렸다
엎드려 숙제를 하다가 손가락 세워
패어가는 흙마당과 들판에 걸쳐진 하늘을 가리켰다
팥알을 고르시던 할머니는
호랑이가 장가드는 날이라고 했다
한쪽 눈을 찡긋거리며 영산강 들판을 가로질러
가마를 타고 색시를 맞이하러 오는
때때옷 입은 호랑이를 아카시아 꽃잎처럼 점치곤 했다

그러니까 예고도 없이 불쑥 내 지표 속으로 끼어든 변수는 해비[*]였다 현혹할 만한 안개비이다가 는개이다가 가랑비이다가 발비이다가 작달비이다가 장대비이다가 주룩비이다가 억수비이다가 점진적 수순처럼 세상에 없을 퉁명스러운 달구비의 낯빛으로 가는

하필 몸 가릴 우산이 하나여야 해서 한쪽이 젖어 지스락물로 흘러도 입 밖 말을 만들지 못한 것은 목젖 보이게 웃어넘길 때마다 훅, 끼쳐오던 밀림의 몸내 때문이었어 나무둥치도 잎새도 아닌 딱히 풀내도 아

닌 아슬아슬 넘나드는 경계 밖 낯선 사내 밀정의 향기 같은

　* 한쪽에서 해가 비치면서 내리는 비.

유월의 망초

　나는 유월이 낳은 바람 붉은 젖가슴이면 어디든 날아들지요 젖멍울 비집고 꽃으로 피지요 흔하디흔해 쉽사리 눈에 띄나 마음의 점선 밖으로 금세 밀려나고 마는 한 철 짧은 노래이지요 말갛게 아침을 씻기는 이슬이 유일한 치장 빨갛고 노란 화려한 유색인종의 교태는 언제나 나를 앞지르는 선구자들 이어 수줍게 흔들리는 것은 내 몸이 부리는 유일한 수식이지요 몸에 길을 내려 수 세기의 푸른 허밍의 바람은 나를 들쑤셔요 터벅터벅 물결을 새기며 걷는 한량한 낙타의 걸음새가 어쩌면 나인지도 몰라요 짝을 이루며 노을 진 덤불 속으로 드는 날짐승들의 천진은 언제나 황홀히 꿈꾸는 먼 지점이기도 할까요 들판 가득 한 무리를 이루며 세기를 앓듯, 시절을 앓듯 불어오는 방향에 몸 맡긴 채 흔들림을 먹고사는 닿을 수 없는 망중한처럼,

　당신의 들판 가득 희게 피겠습니다

2부

굿바이 슬픔

 붉은 벽돌집이 보인다 에워싼 무리를 헤집고 걸어 나온 바짓단이 보인다 모의가 드러낸 실체가 궁금해 들락거리는 나는 생쥐의 형상인지, 궁지에 몰리면 고양이를 물어뜯는다는 극악이 나의 저력인지, 불우한 유전자에서 기인한 습성은 아닌지, 밤하늘 은갈치 떼처럼 피어오르는 불꽃 아래서도 주눅 들곤 했던 허실한 뿌리의 종족은 아닌지, 머지않아 스펀지처럼 뿜어낼 갈라진 뱀의 혀끝에 숨긴 어둠의 냄새인지, 힘이 센 유려한 말들은 천 길 높은 허공을 부유하다 흉물이라 점찍고 날 세우는지, 날 세운 손가락은 토닥이는 수긍이 되어 식탁을 가득 채울 위로가 될는지, 구물거리는 꼬리들의 득실거리는 거처가 훗날 무명의 유적지로나 남을는지

 우매하고도 방탕한 나의 사랑이여, 더는 붉어지지 말기를

목련에 울다

물 위를 소리 없이 그가 걸어와
촘촘히 박힌 어둠을 걷어냈네
아직 아물지 않았을 구멍 난 손바닥 펼쳐
허공 속 둥 둥 떠 있는 목련송이 빛들을 모으네
하늘 한켠 환한 모닥불이 지펴지네
밤새 물길질 하고도
여전히 빈 배인 고단한 영혼들이
스멀스멀 스며들어 말 없는 그를 빛처럼 둘러싸네
눈들이 열리고
목련, 박명의 상앗빛 세상 열어 무리를 감싸네
모닥불 위 물고기들 지느러미 들썩이며 익어가네
말 없는 그가
일렁이는 눈길 속 글썽이는 바다를 점자처럼 읽고 있네
천천히 둘러보며
날숨 쉬는 그 입술에서 별들 와르르 쏟아지네
바다, 무상을 접고 길을 여네
교차되던 눈빛들
흰 돛을 단 범선 되어
광휘로운 영광에 싸여 바다로 바다로 가네

오랫동안 날 끌고 다니던
가슴 쳤던 새벽녘
쓰린 기억 한 무더기

그가 연 상앗빛 세상 속으로
봄날이 점점이 침몰해 가네

늪은,

일찍이, 이렇게 방대한 눈물샘을 본 적이 없다

늪은
묻어 놓은 시간의 뼈들이 녹아 있는 지난한 세월의 흉터였고
한 시절 붐비던 꿈들이 둥근 포물선을 그리며 말간 팽창을 포옹하던
아득한 꿈의 서식지였다

어느 날부터인가
짚어지지 않는 마음의 수위가 하루해처럼 막막해지면
주인이 버리고 떠난 빈집이기도 했던,

그곳에
가끔 눈먼 바람만 쩔뚝이며 찾아와 수생식물의 어느 가지 끝에
걸터앉아 검은 울음을 울었을까

눈물은 따로 젖지 않는다

수척한 낙타 한 마리, 그렁그렁하게 기지개를 켠다

비옥해진 내가 비로소, 깨어나고 있다

어느 클라이머의 서술

뛰어내려도 되나요

발 딛는 곳마다 깜깜 절벽, 이쯤에서 그만 놓아버리고 싶어요

타고났다는 흡착의 뿌리 잘라내고 춤출 수 있나요

엄마는 매일 죽어 나가고 보살펴야 할 할머니는 지천이고

빨강 구두는 눈앞에서 반짝이는 미온의 슬픔

평생을 두고 일궈야 할 허공은 내 몫인가요

사람들은 타고난 암벽가라고 엉덩이를 쳐다봐요

시시각각 스미는 수직의 불안은 보이질 않나 봐요

바람에 휘어가는 허리의 퇴행을 누가 읽어 줄까요

〈

　푸른 허밍의 추임새 넣어줄 새들은 어느 허공을 밀고 오는지

　누추한 기억 한 줄 걸어 둘 여름은 어디쯤 식어갈까요

　잠복 중인 추락의 기미가 내게는 최후통첩

　이제 신분 상승을 위해 날개를 사야 할까요

　주홍빛 살점을 떠메고 몰려가는 붉은 무리 능소화

　그 뜨거웠던 내 몸의 공기 방울들

귓볼 붉은 저물녘

침엽이 꽃잎처럼 날리는 오후예요
소슬바람에도 중심을 놓친 몸은 파르르 떨려요
귓볼까지 달아오른 나를 슬픈 저물녘이라 불러요
눅눅히 젖어가는 몸을 말리려
등뼈를 털어냈을 뿐인데
발꿈치 들고픈 붉은 길이라 해요
계절의 이음새 건너오느라
부르튼 입술인 뒤태가 보이질 않나 봐요
바람이 날 흔들고 지나요
우수수, 울음처럼 붉은 각질이 떤귀져요
먼발치까지
해를 물고 서 있던 그림자가 헐리고 있어요
꽃의 둘레를 걷던 발길들이 출렁거려요
밤이 내린 골목의 끝인 듯
실금 진 슬픔은 자꾸 부풀어요
아득히 간절했던 허공의 내벽
더는 쏟아지지 않기 위해
주저앉지 않을 꿈들을 위해
더 굳고 정한 갈매나무*의 길을 내야 해요

〈
빛을 키우던 메타세쿼이아 침엽들
한 무더기 붉은 새 떼 되어 몰려가요

* 백석의 시 「남(南)신의주 유동 박시봉방」에서 차용.

슬픔에 관한 소고

흔한 꽃이에요
들어다 보아주는 눈빛 없어 홀로 피었다 지는
홍건한 속내 들키지 않으려
어긋난 입 모양을 해도
사람들은 태생이려니 나를 지나쳐요
대낮 경쾌한 워킹은
쏟아지는 낮잠 속에서나 거닐어 보는 꿈의 꼭짓점
나를 다 기울어도 쏟아지는 건
살갗처럼 발달한 슬픔의 촉수인 걸 남들은 몰라요
빼곡한 어둠이 더 안성맞춤인걸요
완독해줄 눈빛이 없어도
태초의 기대하는 마음을 키우지 않는 난,
아플 일 없는 용맹한 꽃이니까요
향방을 알 수 없는 바람이 불어와요
눈 뜬 아침마다 허물어지는 둑 없는 나를 북돋는
따스한 구근은 누구일까요
주인 없는 슬픔을 익힐까,
까닭 없이 울음을 쏟는 계절을 배울까 겁이 나요
풍화되어 흩날릴 꽃 이파리 떼의

강인한 척추의 슬프지 않을 난분분

흔하디흔한
쿵쾅거리는 구근의 구슬픈 워킹을
지금 비축할까요? 이름 없는 당신?

그림자의 진술

 복숭앗빛 도는 발꿈치를 목동처럼 몰아가는 게 하루 일과인 당신,

 익숙한 눈매로 감정의 수위를 읽어내려 앞서거니, 뒤서거니 내 방목을 당신은 호위하지요

 저녁의 안식에 닿기 위해 나른한 건기의 대낮을 터벅터벅 건널 때에도 표정을 지운 낮달처럼 줄곧 숨어보는 당신은 또 다른 나의 배면,

 길모퉁이 홀로 커졌다가 작아졌다 하는 가로등 아래,
 어룽지는 밤바다처럼 출렁거릴 때에도 만선한 어부인 양 어김없이 날 수호하는 당신

 사는 일이 막막하고 사무쳐 당신의 체온과 같지 못할 때
 단 한 줄로 세상이 날 요약할 즈음에야
 어쩌면 나를 가만 놓아줄,
 〈

내 온갖 족적인
흐릿한 등을 단 내 필사본인 당신

내 안의 구석기, 알타미라 동굴이 궁금해요

무릎 세워 팔을 휘감아 묻으면
단박에 우거진 동굴이 된다나요

내색하고픈 몸 아픈 구석기가 된다나요

박쥐 한 마리 날지 않는대요

숨을 벗고 찬란한 무생물이 된다나요

내 몸의 어둔 동굴에는 구석기가 사는가 봐요

바깥이거나 아래를 향해 길어나는
석순이 발견된 순간,

알타미라 동굴이 궁금해져요

나를 이룬 표기법인 돌도끼며 창이며 숯덩이는
왜 이렇게 변해 갔을까요
〈

생령스러웠던 코뿔소며 매머드며 순록,
  주술을 불러와 나를 뚝뚝 잘라먹던 이름들은 또 어디
로 갔을까요

  야생으로 돌아가야 하는 슬픔의 뒤에서는
  알타미라적의 할머니 그 할머니의 할머니
  숱 검은 흑채를 길게 늘어뜨린 전생의
  후생이 걸어 나와요

  웃어야 할 내 생의 밖,
  도굴되고 변형된 아수라장의 나를 수습해줄
  내 안의 구석기

  몸 누일 방 한 칸의 구애가
  알타미라 동굴이었을까요

  어쩌면 당신이 나를 이 습기 찬 실내에
  가만히 놓아둔
  묵은 전시였을까요

쿠데타[*]

차량과 발길이 선율 되어 흐른다

계단을 오르자 파도와 이마를 잇댄 채 넘실거리는 세상.

입안을 구슬로 구르는 입간판 글씨가 휙, 훑고 지나는 한 가닥 통증을 너는 알까

목이 긴 야자나무는 무화과 잎새를 두른 듯 위태로운 의상을 굽어보느라 얼굴이 벌겋다

포물선 그리며 낙화하는 분수 사이를 은빛으로 튀어 오르는 치어 떼들,

비스듬히 혹은 발 달린 어류로
세상에 없는 안락한 체위들이 피워내는 꽃들로 현란한,

신은 어디에 계셔 무릎 꿇지 아니하고,
입 맞추지 아니한 순결한 땅을 숨겨 놓으셨을까
〈

세끼 밥 먹느라 무수히 넘나든 어제의 방지턱은
왜 서러운 문양으로 돋아나는 것일까

안개가 올라와 지면을 적시곤 했다는 동산의 뭇 무리들
저마다 붉은 창문을 내건
저물녘의 피가, 가볍다

* 발리 스미냑에 있는 아름다운 비치 클럽 이름.

눈꽃

발 없이 부유하는 몸짓
착지점을 찾아 두리번거리느라 타임을 놓치고 마는
나는 무척추예요
등뼈라고는 한 조각도 없고
강단이라고는 찾아볼 수 없는
뽀송뽀송한 살이 어쩌면 천성이에요
어쩌다 당신의 체온과 스치기라도 하면
수줍게 떨며 잔가지 위에 꽃으로 피어나지요
오래 바라봐 주기를 바라는 속내
입 밖으로 불어낼 줄도 모르는
펄떡펄떡 골목을 뛰어드는 흰 눈썹들의 군무가
첫 호흡이자 마지막 호흡인 것을
누가 알아줄까요
처연한 속내처럼 너울너울 춤을 추어요
향기로운 잠에 들듯 무희의 표정으로
어두운 밤의 살내 깊이 나를 감춰요
나풀거리는 까치발을 들고 멀리 바라보아요
백조*의 탈을 쓰고 굽이굽이 하강한 당신
몸짓만 혼자 남아

들녘을 뒤덮을 환한 암각화로 피어납니다
들녘 가득 당신이 피어납니다

* 폼페이에서 발견된 쥬티퍼신과 레다의 벽화 일면.

오리무중 세 치

01.
밤새 새끼를 쳤나 봐요

02.
은근슬쩍, 음습한 부위에 숨어들어 흰 알을
잔뜩 슬어 놓은, 거기요

03.
헐어 내린 습지를 보아요
사철 개일 날 없는 음습이 자라고
심심찮게 자리를 옮겨가며 기습해 오는 음험한 손목 같은
성난 배란의 주기 같은, 거기요

04.
깔깔거리며 웃느라 속내를 다 들켰지 뭐예요
손 가림으로 은밀히 웃어야 하는 오래전, 학습된 교태를
그만 잊었지 뭐예요
미혹도 흥미도 사라졌다 싶으면 어느새 또 자리 잡아가
미궁처럼 뜨거워지고 마는,

05.
은밀은 다른 은밀을 부르는 작태래요
출처를 찾아 탐사등을 켜고 당신을 뒤적여 볼까 봐요
유들하고 감미로운 말초 혀, 말이에요
내어준 적도 없는 고작 세 치라는데
나는 왜 우주를 돌아 나온 통증일까요

06.
중독을 부르는 달콤함에 더는 속지 않을래요
낱알 크기의 흰 무리에 매번 무너지는 둑일 수 없을 테니까요
미늘처럼 부추기는 황홀한 美辭에도
농담인 양 씩, 웃어넘기는
구렁이 세 마리가 담 넘는 능청이고 말래요

07.
입안 가득 푸른 이끼가 우후죽순 자라면
잠시 혼을 뺏긴 암흑기도 있었노라, 흘림체로 갈기고 말래요

저녁의 노래

눈(目)병이 한결 부드러워졌다
가로막는 것들이 사라진 평화로운 일직선
각이라고는 없는 굽이지거나 휘도는 것들
선으로만 이어진 들판은 태초 같았다
별다른 내색 없이 노을에 기대어
하루가 걷히도록 걸어도 심심할 틈이 없는

어제는 고개를 내밀고 선 묵정밭 억새들과 통성명을 하느라 하루가 짧아서 오늘은 감나무 밭 그림자 속으로 끼어든 끝물 고추밭에 가 마지막 인사를 나눈다

세수를 하고 토방 위 마루에 올라 뒤돌아보면
들판이 눈인사를 해오던 마을 위의 토계리 꼭대기 집
버즘나무 길 교문 앞을 지나 탱자나무 울타리를 지나

해가 떠오르도록 걷힐 줄 모르는 안개는 어디로 갔나 눈 속에 집을 짓고 좁아터진 방을 붕붕 대던 날 파리들이 며 줄을 타고 나를 헤엄치던 등 검은 거미는 어느새 사라져 버렸다

〈
몸이 절반이나 기운 고춧대가 보인다
흐느낌 같은 노래가 들려온다

스키와 接하다

어디든 원하는 곳으로 날아다니던
유월의 푸른 관절을 그려 주세요, 당신

밥 짓는 시간에 길든 뼈마디는
능선을 내달려오는 배추흰나비 떼
낯선 속도에 그만 숨죽일 뿐,
한 걸음도 떼어지지 않는 병목현상인걸요

사는 게 아슬아슬한 등고선에 기댄 것일 텐데
허공 속, 너울거리는 춤사위를 접해본 적 없는 발목은
빈번히 중심을 놓치고 곤두박질쳐요

닿을 듯 지척인 저편이
평생 일구지 못할 먼 불모지일까요

살아온 무게를 다 내려놓고 너울너울
배추흰나비처럼 착지하는, 흰 발목

누구도 손잡아 줄 수 없는 춤사위가

어쩌면 고독의 대명사일 것 같아 마냥 우러러지는

푸른 유월의 관절을 그려 넣어줄래요
짐짓 딴청인 당신,

영산나루*에서

영산나루,
해는 긴 그림자를 강물에 드리우고
언덕배기 들풀들은 각자의 그리움에 젖어
날숨을 고요히 뱉어내고 있었다

건널 수 없는 강 이편과 저편
강줄기는 쓸쓸한 적요에 들었는지
가끔 몸 뒤척이는 소리만 들려올 뿐,

멀리 밀쳐둔 내 그리움을 생각했다
건조한 기억만 휘어들던 불모의 내 생 어디쯤
아득히 길을 접고
걸터앉고픈 아린 노을 지는 하늘 기슭이었을까

등질수록
범람한 강줄기를 이루며 흐르는 슬픈 기색의 노을
이미 창궐한 그리움인 것을

* 나주시 영산포 황포돛배 선착장 부근의 레스토랑 이름.

3부

싯딤의 노래

    당신 내부로 흘러드는 게 꿈이었어요 정오의 반짝이는 등지느러미 떼, 여름 숲을 몰아오는 한 소절 푸른 허밍은 기원 없는 소요일까요 긴 혀 날름거리는 초식의 풀들과 붕붕 대는 벌 떼의 노략질에도 울지 않는 나는, 의기양양 가시선인장처럼 독해져 갔어요 수백 배 뿌리를 내는, 한 방향으로 외로이 쏠린 광야의 싯딤*이기도 했으니까요 이글거리는 햇살과 모래바람이 나를 비껴간 적 없으나 불어오는 바람의 방향으로 한껏 몸 굽히면 그뿐, 더러 고적한 밤 별들이 내려와 나를 변주해도 끄덕 않는 안으로의 옹심은 도태일까요 유물일까요 벼랑이었던 하루하루의 날 세운 가시가 어느덧 이파리 쪽으로 숨어들고 있어요 소용 잃은 낱장, 이파리와 향기 사이 당신의 당도는 어느 쯤일까요 범람해 향기의 발원이란 이름을 얻은 나와 급진적으로 버름거리는 하 많은 당신, 혼미한 포획을 꿈꾸나요

    보아요 탐스런 포물선을 그리며 낙하하는 앗, 까시 까시들 눈물 같은 기꺼운 싯딤들,

* 광야에 자라는 아까시나무의 다른 이름.

염장이 아버지

갯가의 지친 오후가 바람에 쓰러진 후 아버지는 이름 있는
모든 지느러미를 소금에 절여 낸다
아가미는 아가미대로
창란은 창란대로
부위별로 도려낸 자리
왕소금을 한 움큼씩 되박아
고통스러움을 향기로 추출하고 있다

상처 자리에 환한 영혼을 켜는 염장이

오늘은 풀치 떼가 가득하다
은빛 꼬리지느러미의 소란스런 비린내를
건넌방에서도 감지할 수 있다
날개를 읽어 캄캄하던 내 안이 분주하다
푸른 곰피 자락이 너울거리는 홑이불을 배에 감고
문가로 기어간다
빳빳한 비닐 앞치마를 두른 채
작업을 서두르는 아버지 어깨에 잔잔한 파동이 인다

지느러미의 촉수 하나 다치지 않으려는
손놀림에 안도한 풀치 떼가
나 몰래 지난 세월을 뱉어낸다

아버지의 지문 안으로 녹아든 소금물
삶의 경계를 허물며 스러지고

풀,풀,풀잎처럼 말라 가벼워진 육신으로
하늘을 날게 될 풀치 떼
어둠만 드나들던 내 겨드랑이에
어느새 푸른 지느러미가 돋는다

기장항 입구,
한 많은 목숨처럼 바람에게 세월을 주고
소금으로 웃음을 절여내는 아버지
그물망처럼 촘촘히 시간을 엮고 있다

앵글로피쉬*의 변명

너를 사랑하는 무모함으로 물 밖을 꿈꾸었다

꿈이 사라진 긴 잠
넘나 본 세상은 지면에 흩어짐을 면하고자 쌓은
광대한 바벨탑이었으므로,
볼모로 발 묶인 엉덩짝이었으므로,
영혼을 팔아 하체를 산 인어공주였으므로,

지느러미 자리에 돋아난 손과 발을 너는 진보라고 했고
나는 퇴행이라 했다
밤마다 흰 풍선의 부레가, 빗살 모양의 아가미가 입을 쩍,
벌리고 염탐을 했다
몸속 잔가시들이 일제히 **뼈**를 세웠다
해가 지지 않을 나라는 어디에도 없었으므로
포식자로부터 안전지대는 없었으므로 사랑도 위장술이어야 했으므로
뼈와 **뼈**들이 들어맞아 몸을 이뤄가는 아골 골짝의 황홀한 변이

〈
앵글로피쉬,
또각또각 물살 젖히며 나를 깨우는 낭랑음
계절이 밀려오고 밀려가는 속도는 언제나 동일했다

사랑은 순간을 꿰찬 또는 수탈한 일리시움**이었다

* 걸어 다니는 물고기 이름.
** 앵글로피쉬 혀 속의 갈고리 모양으로 먹이를 낚아채는 것.

연어의 회귀

내 민낯 위로 뿌려지던 따스했던 생의 소리, 그 태초를 기억하네

수천 갈래의 물길을 뒤집으며 나는 굵어졌네

물살은 언제나 유들 해 퇴적을 이룬 산이었네

더러 삐걱 거리는 저녁이 출몰해 아득히 어두웠네

납죽 엎디어 강바닥이 환해지길 기다렸네

풍문처럼 나를 견디는 일은 아득했네

물살 가른 내 등 언저리 푸른 지느러미 하나씩 돋아났네

고단한 역류는 머지않은 은빛 산란의 꿈이었네

꿈결 당신 혀끝에서 풀려나던 은빛 바다는 언제나 넘실댔네

〈
만삭의 몸으로

곤궁스레 뜨거웠던 당신 자리에 드네

토루*의 저물녘

누구에게나 전성기는 있었다

갓 출토된 고대의 어느 유물처럼
한 시절 추앙이던 황토는
어깻죽지 허물어져 내리는 유령으로 서 있었음에야,
지친 체온들을 불러들이던 붉은 마음들이었음에야,
바람처럼 드나들던 발길들은 어디로 다 사라진 것일까
사람들은 그의 몸빛을
수천 년 동안 지하에 갇혀 흘린
그의 눈물이 붉어서라고 입을 모으곤 했다
먼지 내려앉은 유리창을 담쟁이는
금 그어가며 자라고 있었음에야,
무료한 듯 홀로 널을 타던 거미들이었음에야,
검게 그을린 그네에는
꽁지 긴 새들만 모였다 흩어지기를 반복하며 노닐고 있었음에야,

  사방이 후줄근히 젖어 흘러내릴 것만 같은
  녹슨 시간의 너머를 걸어 나오며
  나는 자꾸만 뒤돌아보아졌음에야,

〈
어딘가에 지문처럼 찍혔을 나의 전성기가
어느 골짜기 철 지난 허밍으로 구현은 될는지
노을은 자꾸 내려앉고 있었다

* 고대 중국의 주거형태를 본뜬 장성에 있는 황토 펜션 이름.

어부바

시장 모퉁이를 돌아 나오다 방금 절인 듯한
고등어와 눈이 마주쳤다

먼 바다를 떠돌던 은빛 지느러미 시절의 기억을
어느새 말끔히 지웠는지 처연한 눈빛이다

곱게도 포개어져 바람 한 점 들 수 없는 저 긴밀한 합일

더불어 생을 이룬다는 것은 분방한 유영을 버리고
굵은 왕소금으로 간하여
다시는 손 놓지 않을 푸른 길을 세우는 일

절여져 고인 그리움이 몸속 길을 내는지 잠시 파닥거리던
몸빛 위로 푸른 등고선이 꿈틀댄다

고등어 한 손을 앞세우고 돌아오는 길에
바닷물 한 떼가 흰 웃음을 포말처럼 일궈가며 앞서 걷
고 있다
〈

거실 가득 한 무리 고등어 떼가 풀어지고
이불 속, 착하게 포개어진 몸 둘이 지느러미 없이 강을 건너고
이내 어부바를 한다

세상에서 가장 잘 안긴문장과 안은문장이 지금 완성되고 있다

갈라파고스의 무희

등딱지 위에 늘 놓여 있었습니다
걷고 달리는 고로 내가 고용한 듯 보이나
나는 그의 하수였습니다

갈림길에 설 때마다 손바닥에 퉤퉤 침 뱉어 점쳤으나
그가 가리킨 곳은 반대편이어서
늘 목 꺾이는 늦가을 해바라기이곤 했습니다
일탈을 꿈꾼 적도 있으나
목줄에 메인 유효 기한이 설정된 반려견 정도였습니다
갈라파고스의 탄탄한 등딱지 위에서 칼춤 추는 무희가
가 닿고픈 꿈의 가장자리이긴 했으나
이름도 없는 열도와 무인도는 가로막는 어불성설이었습니다
묵묵부답인 自高한 그는 고개만 까딱,
미로이거나 모스부호 투성이 평면도를 툭, 던질 뿐인
안하무인을 앓느라 나의 밤은 짧았습니다

나는 유약한 몽상가임이 분명합니다
어제도 그가 뱉어낸 돌부리에 무릎이 깨지고 말았습니다

타박상 투성이 무르팍을 내려다볼 때마다 이쯤이
어쩌면 돌아설 지점인지도 모른다고 셈해 봅니다
뒷걸음질하고 싶으나
막다른 밤으로 가는 미궁일까 봐 이끌리듯 걸을 뿐입니다
끌끌, 그가 혀를 차면 꽃 피워야 할 출구에서 멀어지는 것 같아
나의 밤은 또 길기만 합니다
하수인지 수하인지를 묻지 않기로 했습니다

어느 날엔가 죽지 않는 떡갈나무 아래로 나를 이끌
내가 스밀 저녁일지도 모르니까요

항상 길 위에 나는, 있었습니다

북태평양 고기압과 흰 달

  그가 나를 긋고 갔네 긁힌 가슴팍에서 핏물이 배어났네 이마 위로 초승달이 떠오르고 막다른 골목인 양 허기가 몰려왔네 기울어 사선으로 고개를 떨군 낯빛을 읽을 수 없어 빛을 거두어야 할 시간임을 나는 직감했네

  자판 위 팽이처럼 도느라 색을 잃었네 어지럼증이 일어 기억에 없는 침이 방울방울 흘렀네 얼굴 없는 아침이면 꽃들은 다투어 피고 혈통 모를 새들이 구슬피 울다 갔네 해진 부리가 와 낱장처럼 나를 넘겼네 베낄 대상을 잃어 대기권 밖 이름 없는 행성처럼 유랑을 했네 부스러진 암석처럼 흩어진 비명들 흥정도 하기 전에 거절당한 구슬픈 날들이었네

귀뚜라미 소리

뭉텅, 뉘가 풀어놓았을까
희디흰 발목 감아오는 저 긍휼의 소리들

간단없이 밀려가는 초록의 시절 그 끄트머리
아쉬워
명주실처럼 가느다란 손가락 내밀어
고하는 긴 이별의 울음 같은 것

기억 속 희미해져 갈
한철의 몰입이
밤새 귓전 가득 밝아와
지워지지 않을 문신을 새긴다

쇠잔해져 가는 풀빛들의 목청

아, 밝아오는 목덜미가 뜨겁다

하늘 매 발톱 꽃

그의 그림자를 데려오지도 못한 채 하루를 눕습니다

누워 중얼거리는 넋두리는 하나도 아니고 둘도 아닌

블루와 날큼히 움켜잡는 발톱과 꽃이라니요

깜박 죽어 넘어가는 야성미 넘치는 광활한 매라니요

밤새워 뒤척여도 답 없는 미궁일 나를 비집고 들어선

하늘, 매, 발톱, 꽃,

꽃 뿔처럼 치켜든 다발성의 어떤 횡포

우호적인 것과 비우호적인 틈새에서 체해
눈물이 배꼼 돋거나 혹, 꺼지고 싶은 소화불량일까요

어쩌면 유통기한의 도래가 머지않다는 걸 알아요
〈

생기발랄한 사람들의 상상력이 기인한
내가 점칠 수 없는
나의 최후는 꽃일까요
저의를 알 수 없는 매서운 발톱의 맹금류일까요

색의 기원 속으로 위장된 표정을 데려와 몸을 눕힐 시간이에요

초저녁 하늘을 적신 나의 궁극은 뿌리 꽃이 되기를 기다리는
숨어 핀 꽃이었으니까요

길었던 당신과 나의 화법이여, 안녕을

탐하다

> – 태초에 동산 중앙에 먹음직도 보암직도 한
> 탐스런 실과나무가 있었다

하루를 닦아줄 한 줄을 욕망했어요
유희냐고 그가 입술을 내밀고 물어와요
미혹이다 말하고 싶지만 그만, 삼키고 말았어요
도드라질 목울대 핏대가 그만, 무서웠거든요
널 가두고 싶었어, 말하려다 참았어요
가둬질 강물은 어디에도 없을 테니까요
페이지마다 강물이 흘렀음해요
넘실넘실 어디든 흘러가 적셔주는 범람을 꿈꿔요
범람은 없는 삼각주를 만들고
둔덕을 만들고, 야산을 이루고 말 테니까요
야산은 능선을, 산맥을 이룰까요
산맥은 바람을 키워내고
까르르 웃어대는 아이들을 키워내고
시든 책들 속 굳어가던 글자들은 절반쯤 기억을 털고 일어서줄까요
웃음은 언제나 손풍금 선율 같지요
손풍금이 그려낼 물결을 꿈꿔요
물결을 타고 머나먼

콩고땅 어느 밀림 언저리 아늑한 도피를 꿈꿔요
밀림은 양수 속 기억을 되돌려줄까요

날 몰아세우는 널 가두는 바람 소리 들릴까요, 지금?

산란

시름시름, 까닭 없이 계절을 앓듯 너를 앓는다
햇살 비켜 드는 창가에 납죽 엎디어 빈번히 널 앓는다
어디든 파고들어 몸을 새기는 햇살은 명료하다고,
희고 긴 발가락들이 창문을 넘어와 푸성귀처럼 시든 날 노크한다
마르지 않을 꽃물일 거라 의기양양도 했을까
시난고난 병명의 출처도 없는 무력한 몸피 앓이,
손바닥을 타고 흘러내리던 모래알처럼 흩어지곤 하던,
열린 수문처럼 끝이 없는
이 막막한 방류는 어느 굽이를 돌아 나온 막다른 생의 소진일까
은빛 물비늘 되어 하늘 한켠 환히 덮던 억새군락,
그 환한 산란의 축포가 준 달뜬 열락을 생각한다
밥물처럼 들끓다 붉은 신호등에 걸린 착지처럼,
아파오는 널 깨달았을까
어쩌면 생의 마지막 도래지일
풀 한 포기 돋지 않는 건기 지나
툰드라 목초지 위 윤기 흐르는 오후의 목덜미를 떠올리듯, 너를 앓아

영혼의 아픈 흰 이마를 가냘픈 손끝으로 더듬듯, 널 앓고 있어
창백해짐도 또 다른 착한 순응임을,
저물어가는 창가,
우두커니 너울거리는 철새 떼 빈 그림자로 기대어
너를 앓다, 이내 나를 앓는다

그리움은 그리워서 길을 내고,

객점의 창가에 앉아 차를 마신다
한낮의 열기가 다스려지는 시간이다
찻잔 속으로 낯선 이국의 노을이 지고 있다
차창 밖으로 스치던
끝없이 이어지던 붉은 수수밭과
솟을 듯 여린 몸빛인 채
일제히 한곳을 향해 흰 목덜미 비스듬히 기울어 있던
포플러나무의 군락, 그 쏠림에 대해 생각한다
찰랑이던 갸륵한 행렬을 생각한다
쏠림은 그가
무한량인 바람과
무한량인 모래바람을
홀로 지켜낸 그리움의 상흔이라고, 되짚는 사이
멀리 두고 온 내 그리움이 만져졌다
어둠이 발밑으로 떨어진다
낮에 본 육중한 산 그림자가
애써 걸어온 길들을 서둘러 지우고 있다
내 그리움도 하늘 기슭 어디쯤
쓸쓸한 바람벽으로 서서

저물어 가는 울음을 끌어안고 있는 것은 아닐까
당신이 없는
이국의 모든 저물녘은 방풍림 같은
목덜미 희디 흰 즐비한 슬픔이라고,
자꾸만 찻잔은 비워져 가고
어둠은 허해지고 있었다

여귀꽃

누군가 나를 훑고 갔네
얼굴에 얹힌 하늘이 출렁거렸네
얼얼이 아파 눈물이 났네
뜯겨 나간 푸른 이파리 자국
벗긴 하체처럼 부끄러워 사방을 두리번거렸네
툭 터진 강 언저리
숨을 곳은 어디에도 없었네
얼굴이 사라졌네
아침이 오고 저녁이 내리는 들판
사철, 놓친 시절을 번역하는 배후로 서 있으라던
묵언은 공허했네
목덜미가 자꾸 따끔거렸네
저울질하던 사내의 손아귀에서 나는 풀물 졌네
색을 잃고 강물 위로 흩뿌려졌네
배를 뒤집은 물고기 떼, 허옇게 떠올랐네
풍덩 풍덩 소리는 가늠 없이 들리고
뒤집힌 수면은 꽃이 되지 못했네

한 장 한 장 주술에 걸린 나를 넘기며
당신을 골몰하네

4부

물방울 그녀

울지 말아요, 나의 알함브라궁이여!*
밤은 잠시 머물다 이내 사라졌어요
저문 강을 건너
등 푸른 새벽을 몰아오느라 더디었을 뿐,
너울너울 새벽이 오고 있어요
정오가 주던 쇠잔한 기억은 지워버려요
잎맥 위를 구르던 찬란했던 순간을 추억해 봐요
그것은 부풀어 오르는 꿈의 안쪽을 향해
줄곧 한 방향으로만 걸어온
내 몸의 또 다른 승천의 길
울지 말아요, 나의 알함브라궁이여!
추억은 기억 속에 깃들어 사는 시들지 않을 물의 뼈,
한눈팔아 본 적 없는
철길 곁 풀숲으로 이제는 돌아갈 시간이에요
아찔히 쏟아질까 조바심도 안쳐요
글썽이던 습지의 시간을 지우고
정오의 햇살 속으로
이제는 착한 착지를 이루려 일어설 지점
울지 말아요, 나의 알함브라궁이여!

* Don't cry for me Argentina 노래에서 차용.

노마드*의 변방

주거가 불분명한 바람으로 몰려다니는 나는
엇박자로 길 놓친 저녁의 전생인걸요

마음이 바쳐 낡아가는 계절의 뒤태이고요

멍처럼 어둠이 내리면 등을 맞대고 누운 고슴도치 일가
인지도 몰라요
우우, 푸른 소리로 우는 전봇대이고요

왈칵, 비명을 쏟아내는 우기나

색을 놓치고 빈방만 늘어가는 변방인지도 몰라요

행려병자처럼 절뚝이며 귀가하는 너덜거리는 저녁이기
도 해요

붉으락푸르락, 변색을 일삼는 갈피 못 찾는 모호이거나

까 보면 내숭 심한 늙은 여배우의 민낯이기도 해요

〈

늦은 밤 홀로 발 씻는 소리이고

사랑을 구걸하는 유곽의 흉터이기도 해요

영영 아침이 올 기미 없는 저녁의 되돌림
아무도 발음해 주지 않는 쓸쓸한 외래어이기도 한
자꾸만 누설되어 나를 통과하는
공복 같기도 한 노마드, 노마드

절기를 타고 넘는 유랑인의 피는 붉어요

* 유목민이란 뜻의 라틴어.

秀美 감자

배달되어온 박스를 열자 일제히
눈을 동그랗게 뜨고 쳐다보는 흰 알몸들
빵, 터진 웃음에 아버지의 문맹이 눈을 뜨네요

秀美라 불러주세요
이름을 얻은 우수한 종족의 품종인걸요
뛰어난 사람이 되라고 서른 살 젊은 아버지는
마을회관 칠판에 빼어날 秀, 상형문자 어원을 그려 넣었지요
삐침의 집합소 같은 형태가 우스워
어린 나는 흰 감자꽃처럼 웃었어요
교과서 속 수염 긴 세종대왕과
까만 타래 머리를 올린 사임당을 생각했어요
어떻게 해야 빼어난 사람이 되는지
이름값을 해야 한다는 말은 목에 걸린 가시였어요

들지 않는 햇볕에 발이 시려도
마음속에 꽃이 핀 나는 울지 않았어요
그 삐침으로 버텨낸 시간이 생의 중심을 이루었어요

秀는 일어서는 아침이고 아버지의 뚝심이었을까요
군홧발 같은 그림자가 밟고 지날 때마다
비명이 터져 영혼을 빠뜨릴 뻔했으나
위대한 이름처럼 살아야 했던 난
나타나는 결점이 반전될 때마다
튼실한 감자알처럼 굵어져 갔어요
꽃의 폐활량을 지나는 새털구름처럼
여백 많은 秀美로 남을래요

유성우로 흐르는,

노을이 석류 속살마냥 붉게 타오르고 있었어요

보릿짚 불, 활활 타오르는 초여름 밤 토계리 들판이었어요
은빛 비늘들 막 털어낸 인어의 희고 미끈한 하체 같은 요염한 보릿대들, 흐르륵 피어오르던 불, 꽃, 춤, 사, 위가 생각나요

휘황스러운
그 푸르고 형형한 당신 불빛 속으로 난, 걸어 들어갔어요
어둠 속으로 말려 가려던 하늘 한 귀퉁이, 풀무처럼 벌게지고 있었지요 살점인 양 축축하던 내 안의 습기들 너울너울 춤을 추기 시작했어요
늘 스멀스멀 가라앉던 목선 한 척,
삐거덕거림을 멈추고 고물 추스르는 소리 들려왔어요

보릿짚 덤불 속 푸른 심장인 보리 알갱이 별빛처럼 폭죽처럼 터졌어요 들불처럼 들녘 가득 당신은 타올랐어요

당신, 희디흰 이마에선 푸른빛 알갱이가 무리 지어 쏟아지고 있었어요
빛인 당신을 두 팔로 받아 허기진 내 우리 안에 꽁꽁 가뒀을까요
형형한 눈빛 따라 잊지 못할 곤한 잠을 길게 눕히기도 했던가요?

새벽녘이도록 가슴 적시며 유성우로 흐르고 흘러 지금껏, 내리는 당신,

노두의 저물녘

> 저물어 돌아와서 개처럼 울며 성으로 두루 다니게 하소서
> — 시편 59:14

 꽃의 섬이었습니다
차오르면 사라지는 길이었습니다
다 드러낸 裸身의 시간이 더 많다고 했습니다
구멍을 드나드는 작은 갯것들이 터트리는
몸의 소리만 툭툭, 터지고 있었습니다
줄곧 따라 걷는 길 위의 길을 생각했습니다
다 헐어 내린 슬레이트 지붕이 있었고
희라네 횟집의 푯말이 있었고
어느 순교자가 닳고 닳도록 걸었다는 고무신 끄는 소리가
 도망쳐 온 비포장 같은 마음을 다 안다는 듯 따라왔습니다
 농게와 칠게가 들락거리며 노니는 수만 평의 문장들
보호색을 띤 갯것들의 은밀한 소란에 혼곤해진
내가 세운 사원은 쓰러졌을까요 무너졌을까요
흔쾌히 마중 나간 적 없는
농게, 칠게, 망둥어들이 쓰는 몸의 말을
나는 직선의 노둣길에 외따로 서서

소금 같은 혼잣말을 오래오래 뒤적거렸습니다
묽은 저녁이 오고 있습니다
꽃봉오리 섬의 붉은 숨이 훅, 끼쳐올 것도 같은
해독 불가한 은빛 문장의 갯벌로 눕고 싶은
노두*의 밤입니다

* 신안군 증도에 있는 화도에 이르는 아름다운 갯벌의 길.

블라디보스톡행 후,

아직 단단한 이름을 갖지 못했나요
물 밖 세상은 꿈꾸지도 못하는 수조 안의 삶인가요
바다 건너 창공을 꿈꿔보세요
구름 깃털 속에 지친 부리를 묻고
퇴화한 날개를 펼치고
창공을 한번 마음껏 날아보세요
용기가 없다구요
늘 닻처럼 발 묶인 하루하루일 뿐이라고요
지금 구름의 속살을 날고 있다면 믿으시겠어요
세 아이 고3 엄마와 각기 달리 불리는 호칭들
각진 구석으로 몰려다니다 얼든 사과 한 알
훌쩍 지천명을 넘는 내가 보였어요
기다렸다는 듯 몸이 수신호를 보내왔어요
과부하 걸린 듯 소리를 내는 관절들,
냉대와 열대의 극지점을 오르내리는 체온은
숨겨지지 않는 생의 복병이었어요
시베리아 횡단 열차에서 하룻밤은?
아무르 강가에서 커피 한 잔은?
거절할 수 없는 생의 첫 유혹은 감미로웠어요

손발 움직임과 토막 영어로 통용되는 세상이
거기 있더라니까요
서두를 줄 모르는 느긋한 걸음에 실린 생의 의미가
돋음체로 읽혔다니까요
발밑에 몸담고 살던 세상이 가까워져요
집, 건물, 산과 강이 장난감 같아요
구물구물 기어가는 까만 개미 떼 같아요
수국 같은 웃음의 스튜어디스가 커피 한 잔을 건네 와요
스키니 청바지를 입고 배낭을 메고
스마트폰을 손에 들고 이제는, 나들이하듯
날아 볼래요
땅만 보고 먹이를 나르느라 하루가 저문 줄도 모르는
개미 떼가

문득, 아파와요
단단한 이름을 가질 준비되셨나요? 당신

몸빼꽃

봉동댁 하의는 늘 꽃밭이었다네
아침저녁 물 주지 않아도
발 딛는 곳마다 꽃들은 자글자글 피어났다네
평생 이력인 밭머리 흙더미에
곧잘 피워내던 꽃숭어리들,
손짓하지 않아도
벌과 나비는 붕붕 대며 몰려왔다네
바탕색만 조금씩 바뀔 뿐
시들 줄 모르는 꽃의 경내,
자잘한 긴병풀꽃에서 황금빛 비파 열매까지
한 계절 벙글어진 꽃밭은
멀리서 반짝이는 오아시스였다네
하루도 쉴 날 없는 몸빼에
긴 목줄 메인 아기염소처럼
꽃밭 언저리를 배회했다네
음메 음메, 목청이 쉴 즈음에야
울먹이던 하루를 훔쳐 내곤 했던 궁핍의 때,
백만 송이를 끌고 다니던
붐비던 꽃들은 다 어디로 갔는지

색을 잃은 몸꽃들
빈 빨랫줄 위 홀로 걸려 가쁜 숨 몰아쉬고 있네

우포늪에서

비 내리는 우포늪에 들었네

광활한 고요가 날숨 쉬고 있었네

불어난 물은 드러난 길들을 감추고 태고에 들어 있었네

쪽지벌 왕버들, 어질병을 앓는지 얼굴 파리했네
물 밖의 삶을 꿈꾸지도
욕망할 줄도 모르는 그녀,
언제나 목마름처럼 간절했으나
무른 살이 내리는 슬픈 다스림이었네
팅팅 불은 하반신은 아픈 삶의 지느러미였네
절반쯤 몸 숨겨 굼실대는 어류였네

나, 오래 견뎌온 그녀의 시간 안쪽으로 걸어 들어가고 팠네
굵어진 허리께 밤새 잔물결 지는 유속이 되고 싶었네
가야 할 길을 놓고 죄를 무릅쓰고 싶었네
〈

건들리듯 선 나, 발밑 지느러미가 돋는지 들려오는 환한 파열음
나, 그녀이고 말았네

엘사*의 아침

탁탁, 눈보라는 날 세워 통유리창을 때리고 달아나곤 했다

이른 아침, 어느 따스한 손길이 있어
곱게 썰린 빵, 과일 몇 김 오르는 커피가 물끄러미 해변을 건너보는
식탁 앞의 우리는,

어느새 거칠 것 하나 없는 눈물 오르는 지점에 선 우리는,

간밤 은빛 세상을 덧칠한 눈발들 목덜미에
더 마음을 뺏긴 채 마주 앉은
더러 접시를 드나들었으나
눈부신 하체로 길게 드러누운 해안에 붙박인 우리는,

발 묶였으면 좋겠다고, 누군가는 젖은 음색으로 얘길 하고
누구도 달뜨게 응대하진 않았으나

눈 한 톨 쌓이지 않는
먼 바다의 민낯을
각자의 문양대로 바라만 보고 있었다

탁탁, 몸 털어내는 척 엿보던 해송의 맑은 눈과 그만, 눈 맞아버린
흰빛의 그 아침은 지금, 고스란히 안녕할까?

* 겨울왕국의 공주 이름, 혹 남단 중도의 엘도라도의 애칭.

지구본을 돌리며

나의 소란을 눈 흘기지 말아요
꽃 피우는 일이 숙명이라고 믿었던 적이 있어요
다쳐 날 세워진 마음을 돌려세운다는 것
어느 대양에서 일으킨 훈풍을 데려와야 하는지
얼어붙어 세상을 차단하는
당신의 내핵 지대를 언뜻 보았다고 착각했을 즈음
열여섯 동경의 시절 꿈에서 본
유려한 메가케로스*가 어쩌면 당신은 아닌지
북반구 어딘가를 콕 짚으며 생각도 했어요
은구슬처럼 흘러나와
멀거니 선 발목을 적시던, 그 흥건한 날 말이에요
퉁퉁 부은 눈두덩이로 막다른 허기처럼 당신을 돌려요
허공을 달구고 선
23.5로 목덜미 꺾인 끝물 해바라기가
나일까요? 당신일까요?
거덜 난 마음이 함부로 국경을 잘도 넘어요
간단없이 대양을 건너뛰는 당신의 축지법
취약지인 내 통점을 툭 치고 먼 산 보듯 하는,
당신 같은 거대한 뿔을

꽃 피워 볼까요
한때 나의 지축이기도 하였을
중심을 꿰뚫는 적도선이기도 하였을
만발한 나의 금발 메가케로스여
나를 알아보지도 못하는 판독 불가여

* 거대한 뿔을 가진 전설 속의 사슴.

꽃무릇

듬성듬성 어둠이 내린 산사였네
가로등은 하나둘씩 켜지고
곳곳의 단풍나무는 지루한 듯 기지개를 켜고 있었네

단풍나무 발등 아래
불 끄지 못한 환한 몸들이 사열해 있었네

붉음은 눈물의 바랜 빛이라고
간절함도 쇠하면 아프지 않은 기다림이 되는 거라고

돌아보아 주지 않아도
홀로 피었다, 홀로 져도
가 닿아본 적 없는 불능의 그리움이어도
환한 세상을 이뤄 눈물 나지 않는 거라고,

소등하지 못한 숲은
밝아오는 새벽처럼 붉게 터지고 있었네

가을 무희 舞嬉

고요에 젖어 있는 들길,
 꿈꾸는 듯 하늘거리는 꽃무리가 천상의 빛깔을 풀어내고 있다

흔들림 없는 수면,
잔잔히 나는 새 떼 날갯짓
그런 생의 등고선에 기댄 몸짓이고 싶다

소소한 아픔 같은 것, 잘 견뎌낸 직립의 등뼈

바람은 늘 파랑 쳤을까

무시로 흔들리고 출렁여
아득히 어지러웠던, 그마저 아픈 내 시절이었다고
그리움에 쏠린 오후였다고,
당신이 보지 못한 내 얼굴은 가끔 젖었다고,

꺾어질 듯 긴 목인
가냘픈 허리였던 난, 태생이 파랑 치는 슬픈 무희였다고
철 늦은 고백을 할 수 있을까

아버님을 추억하며

나 가고 없으면
나 생각날 것이다
내 말할 날이 올 것이다
입버릇처럼 말씀하시던 아버지
병색이 짙어 가는데도 한사코 병원을 거부하셨지요
담장 낮은 집 안방
폭포 같은 울음을 쏟아낸 어느 밤이 있었지요
그 후, 병실에서였지요
우리 큰아들 큰며느리 결혼 잘 시켰다고 자부한다 하셨지요
함량미달이라고 반대하셨는데요, 했지요
아니다, 살아보니 세월이 다 말해주더라
넌 이쁜 며느리다 이쁜 며느리 하셨지요
뚝뚝, 떨궈지고
이십오 년이 봄눈처럼 녹아내렸지요

정 깊으신 아버지 며느리 마음의 짐, 내려놓고 편히 살라고
그리 짐 덜어주고 가신 지 어언 다섯 해

하루가 다하고 땅거미 내리는 노을 가에 서서
생의 지표를 잃은 며느리, 당신을 못내 그리워합니다
잊지 못할 큰마음을 받아 평생을 그리워하며 살아야 하는
행복한 굴레에 기꺼이 갇힌 채로요

통곡의 벽 앞에서

하필, 유월절 절기였습니다

빽빽한 구름 떼 같은 무리에 묶여
나아갈 길은 멀고 지난했습니다
함성에 묻혀도
목청껏 외치는 불굴의 가나안 여인처럼
물살 젖히며 앞으로 나아갔습니다

후진과 전진을 미끄럼 타며 흠뻑 젖고 말았습니다

벽과 벽 사이의 틈새
깨알처럼 적어간 흰 쪽지를 구겨 넣으며
먼 길 돌아오느라
발이 부르튼 탕아처럼
울음 반, 웃음 반 웅얼거림을
오래 속삭이고 싶었습니다

어깨를 기대고 파르라니
오랜 기도인 풀잎이고 싶었습니다

〈
흐느낌이 잦아들 무렵
꿈에 그리던 당신이 큰 걸음으로 와
물끄러미 얼룩진 민낯을 보아주면 나,

묵은 죄를 다 토설하는 환한 통곡의 아침이고 싶었습니다

■□ 해설

시인의 다양하고 감각적인 울음의 사유를 찾아서

문정영(시인)

이 시집에서 독자는 다양한 울음을 찾아 읽을 것이다. 울음은 인간의 가장 기본적인 감정 표시이다. 한바탕 울고 나면 내 안의 슬픔의 풀밭들이 고요해진다. 조수일 시인은 울음을 진실로 울 줄 안다. 시인의 가슴에 울음이 없다면 시의 행간 속에도 감정이 없을 것이다. 그래서 그 울음 한 자락만 찾는다면 이 시집의 절반은 읽은 것이다.

이번 조수일 시집의 또 하나의 특징은 시인의 말에 잘 나타나 있다. "감히, '나의 당신'이라 칭해 봅니다/ 사막을 걷듯 들끓었던 젊은 날에도 나의 당신이 있어" "복병 같은 제 불우와 불구를 견뎠듯이/ 내 안과 밖의 그리운 이름인 하 많은 나의 당신들"이 있어 시인은 스무 해를 견디어 온 것이다. "어쩌면 내 평생의 반려일 것이 분명"한 이것은 이번 시인의 첫 시집에 쓰인 시편들일 것이다. 그러나 시인에게 그 시편들이 "다다르고픈 꿈의 꼭짓점이며 걷고픈 허공의 내벽"임에 틀림이 없으나 '당신'은 나와 일생을 함께 살아온 사랑하는 사람이기도 할 것이다.

시를 읽다보면 시와 울음 울고, 내가 사랑하는 사람과도 울음 우는 시인의 마음결을 들여다보고, 시인이 가진 깊고 진정한 정서에 몰입하고 싶은 지경에 이를 것이다. 그러면 온 마음이 순수하게 시인의 내면과 동조하지 않을까. 어쩌면 이리 메마르고 지난한 시간들 속에서 내 안의 울음을 찾아 나를 들여다보는 시인이 있다는 것이 신비롭고 아름다울 뿐이다.

이 시집 전반을 관통하는 시인의 감정들이 그대로 풀어지지 않고 긴장감을 갖고 있는 것은 조수일 시인이 시어와 문장을 다루는 내공이 만만치 않기 때문이다. 그간 써온 수많은 시편들 은 어쩌면 그런 감각의 세계를 충만하게 갖추면서도 모호한 세상의 파편들을 이미지와 감각으로 구체화한 것이라 보인다.

 해설이 어떤 이론적인 것을 끌어내서 시를 파헤치는 것보다 시집 속의 시편들을 좀 더 내밀하게 읽고 시인의 삶과 감성을 공유하는 방향으로 나아가면 어떨까? 시인은 어떤 생각으로 시를 쓰고 어떤 느낌으로 존재감을 찾아가고 있고, 사랑과 이별을 어찌 바라보는지, 그걸 보고 싶은 것이 아닐까.

 그래서 조수일 시인이 가진 울음과 슬픔 그리고 감각을 함께 읽어나가는 그런 과정을 한번 가져보기로 하자. 어쩌면 모든 해답은 시의 행간에 있는 것이지, 누군가 주관적으로 읽어낸 작품평은 아닐 것이다.

 몇 가지로 조수일 시인의 시를 읽는다면 첫째가 울음(슬픔)일 것이며, 다음은 '당신' 속에 은유된 시와 사랑 그리고 에로틱한 부분들일 것이다. 마지막으로 시인이 가진 감각적인 사유의 깊이를 읽어보는 것은 어떨까. 다만 울음과 당신은 하나의 일직선 위의 점처럼 연결되어 있는 것이라서 구분하기는 어렵다. 최초의 울음은 당신에게서 시작하는 것이기 때문이다.

그리하여 이 시집 전체에서 느낄 수 있는 연시풍의 시편들 또한 독자들에게 '당신'이라는 존재를 찾아갈 수 있도록 차근차근 지시해줄 것이다. 그만큼 한 편 한 편 꺼내어서 음미할 만한 작품들이 많다는 것이다.

1. 시인의 숨어 있는 울음들

어쩌면 시인은 울음으로 사랑과 이별의 아픔을 고백하는 것인지 모르겠다. 고통 뒤에 오는 평온을 느끼고 싶은 심리일 수도 있다. 시인이 우는 울음은 어떤 것이 있을까. "새의 울음처럼 우뚝 걸려 있는" 울음은 아파도 조용히 간직해야 할 것이며, "한꺼번에 쏟아내는 울음"은 오래 기다리다 지친 울음일 것이다. "걸터앉아 검은 울음을 울었을" 울음은 "눈물은 따로 젖지 않"았을 것이라 했다. "까닭 없이 울음을 쏟는" "살갗처럼 발달한 슬픔의 촉수"는 어떤 것일까? "고하는 긴 이별의 울음", "저물어 가는 울음" 그리고 사랑에 지친 눈물을 쏟는 울음도 있을 것이며, 뜨겁게 흘리는 기쁨의 울음도 있을 것이다. 사랑 후에 이를 악물고 내뱉는 절정도 울음의 끝에서 나온 것일 게다. 이런 수많은 울음 뒤에는 시인의 삶과 사랑이 있다. 그런 체험적인 울음을 울어보았다는 것은 시인의 천성이 순하다는 것이다.

그런데 그 울음이 어떻게 천년을 살아온 바람처럼 다가오는 것인지, 때론 "울컥울컥 쏟아놓은 산수유 샛노란" 같은 눈물을 흘리기도 하였으며, "돌아서 참새 같은 눈물 두어 방울" 흘린 것은 얼마나 견디기 힘든 절박함이었을까.

현대사회에서는 울음도 눈물도 자극적이다. 몸 안에서 깊게 새겨진 울음이 아니라 순간순간 상황에 맞는 울음이다. 그마저 흘릴 순정도 사라지고 없다. 그쯤에 발견한 조수일 시인의 울음에서 독자들은 따스한 동질감을 느낄 수 있을 게다. 그 중 몇 편의 울음을 직접 읽어보자.

참 이야기하고 싶은 작품이 많다. 그 중 가장 마음을 빨아들이는 작품은 '늪은,'이다. 늪은 오랜 세월이 지나면서 그 모습을 갖춘다. 무언가 존재를 받아들여서 무한히 숨겨둘 것 같은 장소, 그래서 시인은 "일찍이, 이렇게 방대한 눈물샘을 본 적이 없다"라고 하였다. 시인은 깊게 관찰하고 통찰하는 힘으로 '늪'을 표출해낸 것이다. 어쩌면 울음이 가득 묻혀 있을 늪은 사람이 건너갈 수 없는 곳일 게다. 이 시를 찬찬히 읽어보면 우리가 가진 내밀함 울음이 숨겨져 있다. 한 생 살면서 다 흘린 눈물이 고여 있는 곳, 거기서 사람들은 "아득한 꿈의 서식지"를 찾을 수 있다. 그리 울고 나면 "비옥해진 내가 비로소, 깨어"날 것임에 틀림없다.

일찍이, 이렇게 방대한 눈물샘을 본 적이 없다

늪은
묻어 놓은 시간의 뼈들이 녹아 있는 지난한 세월의 흉터였고
한 시절 붐비던 꿈들이 둥근 포물선을 그리며 말간 팽창을 포옹하던
아득한 꿈의 서식지였다
〈

어느 날부터인가

짚어지지 않는 마음의 수위가 하루해처럼 막막해지면

주인이 버리고 떠난 빈집이기도 했던,

그곳에

가끔 눈먼 바람만 쩔뚝이며 찾아와 수생식물의 어느 가지 끝에

걸터앉아 검은 울음을 울었을까

눈물은 따로 젖지 않는다

수척한 낙타 한 마리, 그렇그렁하게 기지개를 켠다

비옥해진 내가 비로소, 깨어나고 있다

-「늪은,」전문

"나는 혼잣말이 세운 왕조"에서 "내 몸 마디마디는 왜 광대 같은 눈물의 낱알로" "혼자 우스운 공화국"이라고 지칭하는 것일까? "철 지난 사랑을 들추는 푸른 허밍일까요// 쏴쏴, 한꺼번에 쏟아내는 울음에 더는 속지 않을래요// 한껏 휘청거리는 위태로움도 키를 늘려가는 당

신의 방식이라고.// 애써 들키고 싶은 적막이라고."" 까닭 없이 울음을 쏟는 계절을 배울까 겁이 나"는 시인은 "지금 비축할까요? 이름 없는 당신?"이라고 외친다. 슬픔이란 단지 감정적인 결과물이 아니라, 통증이 지나가면서 남긴 흔적이라서 이 시를 읽고 가슴 한켠이 쓸쓸해진다면 진실로 "살갗처럼 발달한 슬픔의 촉수"를 공유한 것이다.

    흔한 꽃이에요

    들여다 보아주는 눈빛 없어 홀로 피었다 지는

    흥건한 속내 들키지 않으려

    어긋난 입 모양을 해도

    사람들은 태생이려니 나를 지나쳐요

    대낮 경쾌한 워킹은

    쏟아지는 낮잠 속에서나 거닐어 보는 꿈의 꼭짓점

    나를 다 기울여도 쏟아지는 건

    살갗처럼 발달한 슬픔의 촉수인 걸 남들은 몰라요

    빼곡한 어둠이 더 안성맞춤인걸요

    완독해줄 눈빛이 없어도

    태초의 기대하는 마음을 키우지 않는 난,

    아플 일 없는 용맹한 꽃이니까요

향방을 알 수 없는 바람이 불어와요

눈 뜬 아침마다 허물어지는 둑 없는 나를 북돋는

따스한 구근은 누구일까요

주인 없는 슬픔을 익힐까,

까닭 없이 울음을 쏟는 계절을 배울까 겁이 나요

풍화되어 흩날릴 꽃 이파리 떼의

강인한 척추의 슬프지 않을 난분분

흔하디흔한

쿵쾅거리는 구근의 구슬픈 워킹을

지금 비축할까요? 이름 없는 당신?

— 「슬픔에 관한 소고」 전문

"누구에게나 전성기는 있었다" "그의 눈물이 붉어서라고 입을 모으"는 것은 이제 나와 당신과의 관계 속으로 들어갈 준비가 되었다는 것이다. "붉음은 눈물의 바랜 빛이라고/ 간절함도 쇠하면 아프지 않은 기다림이 되는 거라고" "환한 세상을 이뤄 눈물 나지 않는 거라고," 진실로 전하고 싶은 말과 가까이 와 있는 순간이다. 거기서 우리는 지평선처럼 서 있고 싶은 것이다. 시와 함께하는 시인의 울음을 충분히 맛보았을 것이라 믿는다.

2. 당신이라는 따뜻하고 슬픈 이미지들

눈물은 당신이라는 존재가 있어 흘리는 보석이다. 시인의 말에서 당신은 내가 늘 가닿고 싶은 대상이며, "내 안과 밖의 그리운 이름인 하 많은 나의 당신들"이라 하였다. 당신은 결국 나의 결핍을 먹고 자라는, 그래서 그 허전함을 채워주는 시이며 사랑이다. 그리하여 당신은 나를 읽고 나는 당신을 읽으나 "낱자 속으로 숨어든 날 다 읽지 못"하는 것은, 가 닿고 싶은 만큼 "사육이 명징한 사랑의 통권"이기 때문일 것이다. 시어이면서 육신인 당신은 진짜 나를 알고는 있는 것일까. 곰곰이 이 시를 읽으면서 내가 사랑하는 것들을 얼마나 공유하고 있는지 생각해 보자.

  줄곧 나를 읽고 있는 당신,
  간밤 내 페이지 어디쯤에 붉은 밑줄 그었을까요

  살아내는 일이

봄볕 견디는 것처럼 아득해

농익도록 방치한 채 살아온 숱한 물집들

그 숨겨온 흉터를 꽃무느라, 한때 당신은 그랬지요

울컥울컥 쏟아놓은 산수유 샛노란 눈물 같은

슬픔의 페이질 흰 손가락으로 짚으며

건너가고픈 가교라고, 한때 당신은 그랬지요

눈먼 새인 당신은

사육이 명징한 사랑의 통권이라 했고

눈 뜬 난, 거세된 펄럭이는 낱장이고 싶었을까요

유려한 당신이 짐 지운 수식어는

목구멍 속 싸늘히 식은 비명으로

구슬픈 한철의 허밍으로

새의 울음처럼 우뚝 걸렸을까요

줄곧 통째로 날 읽어 내리는 만발한 당신,

어쩌면 낱자 속으로 숨어든 날 다 읽지 못할

슬픈 먼 당신,

눈 끝 시린 늙은 새 한 마리

제 그림자를 거두고 있는 닳은 부리, 보이나요?

─「나를 아세요?」 전문

'나를 아세요?' 나는 "유려한 당신이 짐 지운 수식어"일 뿐인가요. "줄곧 통째로 날 읽어 내리는 만발한 당신"과 나 사이에는 무엇이 있을까요. "복숭앗빛 도는 발꿈치를 목동처럼 몰아가는" 사랑이 있기는 하는 것일까요. "사는 일이 막막하고 사무쳐 당신의 체온과 같지 못할 때 '그림자의 진술'을 들을 수는 있을까요. 이런 질문들을 한번 가져보는 것은 시인의 시에 동화되었기 때문은 아닐까?

당신은 내 안에 "유월의 푸른 관절을 그려주"고 "사는 게 아슬아슬한 등고선에 기댄 것일 텐데/ 허공 속, 너울거리는 춤사위를 접해본 적 없는 발목은/ 빈번히 중심을 놓치고 곤두박질"치게 해요. 그런 당신은 누구일까요. 수많은 시의 행간에서 당신을 부를 때, 당신은 "한 장 한 장 주술에 걸린 나를 넘"길 뿐인가. 나는 오히려 당신의 주술에 걸려 당신의 포로가 되고 싶은데. 그래도 "당신이 보지 못한 내 얼굴은 가끔 젖어"서 '가을 무희'처럼 "철 늦은 고백을" 하고 있는 것일까.

이번 조수일 시인의 시집은 수많은 고백의 질문이면서 대답이라고 할 수 있다. 내가 원하는 사람에 대한 사랑 고백이며, 앞으로 함께 견디어 나아가야 할 미래에 대한 질문일 것이다. 아래 시 '지구본을 돌리며'를 읽으면 거대한 서사가 다가온다. 그런데 인간은 그 거대한 서사와 맞먹는 소우주이다. 지구본을 돌리듯 우리의 삶이나 관계는 돌고 돌아서 제자리로 돌아갈 것인데, 왜 자꾸 어긋나서 아프기도 하고 상처를 받기도 하는 것일까. 오래 읽어볼수록 이 작품은 끈끈한 매력이 넘쳐흐른다. 삶의 화두를 하나 꺼내어 읽는 맛이다.

> 나의 소란을 눈 흘기지 말아요
>
> 꽃 피우는 일이 숙명이라고 믿었던 적이 있어요
>
> 다쳐 날 세워진 마음을 돌려세운다는 것
>
> 어느 대양에서 일으킨 훈풍을 데려와야 하는지
>
> 얼어붙어 세상을 차단하는
>
> 당신의 내핵 지대를 언뜻 보았다고 착각했을 즈음
>
> 열여섯 동경의 시절 꿈에서 본
>
> 유려한 메가케로스*가 어쩌면 당신은 아닌지
>
> 북반구 어딘가를 콕 짚으며 생각도 했어요
>
> 은구슬처럼 흘러나와
>
> 멀거니 선 발목을 적시던, 그 흥건한 날 말이에요
>
> 퉁퉁 부은 눈두덩이로 막다른 허기처럼 당신을 돌려요

허공을 달구고 선23.5로 목덜미 꺾인 끝물 해바라기가

나일까요? 당신일까요?

거덜 난 마음이 함부로 국경을 잘도 넘어요

간단없이 대양을 건너뛰는 당신의 축지법

취약지인 내 통점을 툭 치고 먼 산 보듯 하는,

당신 같은 거대한 뿔을

꽃 피워 볼까요

한때 나의 지축이기도 하였을

중심을 꿰뚫는 적도선이기도 하였을

만발한 나의 금발 메가케로스여

나를 알아보지도 못하는 판독 불가여

* 거대한 뿔을 가진 전설 속의 사슴.

—「지구본을 돌리며」 전문

    당신 바라보기는 내 안의 설레임이다. 조수일 시인의 무의식에 잠재되어 있는 에로틱한 감성들은 보기 싫은 것이 아니라 인간적인 모습들이다. 그것은 "비스듬히 혹은 발 달린 어류로/ 세상에 없는 안락한 체위들이 피워내는 꽃들"로 현존한다. "어쩌다 당신의 체온과 스치기라도 하면/

수줍게 떨며 잔가지 위에 꽃으로 피어나"기도 한다. "사랑은 순간을 꿰찬" 깊은 은유이고 오래 간직할 대상이기 때문이다.

"봉동댁 하의는 늘 꽃밭이었다네/ 아침저녁 물 주지 않아도/ 손짓하지 않아도/ 벌과 나비는 붕붕 대며 몰려"와서 환희를 이루는 순간은 얼마나 아름다운가. "이불 속, 착하게 포개어진 몸 둘이 지느러미 없이 강을 건너고/ 이내 어부바"하는 "세상에서 가장 잘 안긴문장과 안은문장"들 그리고 "은밀은 다른 은밀을 부르는 작태"는 얼마나 순한 에로틱인가. 이런 순간순간을 관찰하여 이미지로 끌어낸 조수일 시인의 시선에 사랑의 꽃불을 밝혀주고 싶다.

3. 시인의 새로운 감각들

현대시는 감각적인 언어를 사유의 옷에 어떻게 입히느냐가 중요하다. 이미 익숙한 모습에서 벗어나, 자신의 체험에서 얻어온 구체적인 감각을 생생하게 살려나가는 것은 긴장감을 최고조로 끌어올린다.

조수일 시인의 이번 시집 전체에 그런 감각이 살아 있다는 것은 오랜 고뇌의 결과물이기 때문이다. 특히 삶을 바라보는 철학적인 깊이를 가진 몇 편의 시를 깊숙이 들여다보면 이 시집의 단맛을 느낄 수 있다

이 한 편의 시 속에는 긴 시간을 견디어 온 '몸'에 대한 새로운 관찰과 구석기 시대부터 내려온 인간의 DNA 그리고 인간의 고뇌까지 서사와 서정이 잘 버무려져 있다. 시인의 감각을 따라가다 보면 내가 서 있는 위치가 잘 드러날 것이다.

  무릎 세워 팔을 휘감아 묻으면
  단박에 우거진 동굴이 된다나요

  내색하고픈 몸 아픈 구석기가 된다나요

  박쥐 한 마리 날지 않는대요

  숨을 벗고 찬란한 무생물이 된다나요

내 몸의 어둔 동굴에는 구석기가 사는가 봐요

바깥이거나 아래를 향해 길어나는
석순이 발견된 순간,

알타미라 동굴이 궁금해져요

나를 이룬 표기법인 돌도끼며 창이며 숯덩이는
왜 이렇게 변해 갔을까요

생령스러웠던 코뿔소며 매머드며 순록,
주술을 불러와 나를 뚝뚝 잘라먹던 이름들은 또 어디
로 갔을까요

야생으로 돌아가야 하는 슬픔의 뒤에서는
알타미라적의 할머니 그 할머니의 할머니
숱 검은 흑채를 길게 늘어뜨린 전생의
후생이 걸어 나와요

웃어야 할 내 생의 밖,

도굴되고 변형된 아수라장의 나를 수습해줄

내 안의 구석기

몸 누일 방 한 칸의 구애가

알타미라 동굴이었을까요

어쩌면 당신이 나를 이 습기 찬 실내에

가만히 놓아둔

묵은 전시였을까요

　-「내 안의 구석기, 알타미라 동굴이 궁금해요」전문

'내 안의 구석기, 알타미라 동굴이 궁금해요'에 비하면 '노마드의 변방'은 현대인의 고독과 삶을 드러낸 작품이다. 어쩌면 우리는 "등을 맞대고 누운 고슴도치 일가"처럼 서로에게 치명적인 상처를 주는 줄도 모르고 살아가는 존재일 것이다. 새로운 세상에서 나를 찾아가는 당찬 모습으로 보일 수 있으나 "사랑을 구걸하는 유곽의 흉터"를 가진 자신을 발견하기도 한다. 그러나 어쩌랴, 동굴에 갇힌 삶이든 변방을 떠도는 삶이든 내가 가고 싶은 길이라면 가야 하는 것을, 이 두 편의 시 읽기를 완독하면 아마 조수일 시인의 시적 매력에 푹 빠질 수밖에 없을 것이다. 한 권의 시집을 읽고 공감대를 가진 작품 몇 편을 찾을 수 있다면 최고의 선물이기 때문이다.

    주거가 불분명한 바람으로 몰려다니는 나는
    엇박자로 길 놓친 저녁의 전생인걸요

    마음이 바쳐 낡아가는 계절의 뒤태이고요

    멍처럼 어둠이 내리면 등을 맞대고 누운 고슴도치 일가인지도 몰라요
    우우, 푸른 소리로 우는 전봇대이고요

    왈칵, 비명을 쏟아내는 우기나

    색을 놓치고 빈방만 늘어가는 변방인지도 몰라요

    행려병자처럼 절뚝이며 귀가하는 너덜거리는 저녁이기도 해요
    〈

붉으락푸르락, 변색을 일삼는 갈피 못 찾는 모호이거나

까 보면 내숭 심한 늙은 여배우의 민낯이기도 해요

늦은 밤 홀로 발 씻는 소리이고

사랑을 구걸하는 유곽의 흉터이기도 해요

영영 아침이 올 기미 없는 저녁의 되돌림아무도 발음해 주지 않는 쓸쓸한 외래어이기도 한자꾸만 누설되어 나를 통과하는공복 같기도 한 노마드, 노마드

절기를 타고 넘는 유랑인의 피는 붉어요

* 유목민이란 뜻의 라틴어.

—「노마드*의 변방」 전문

    조수일 시인은 등단 5년 만에 첫 시집을 내었다. 시든 삶이든 사랑이든 누구에게나 절정은 온다. 시를 통하여 사랑을 배우고 아픔을 느끼는 것은 시인으로서 커다란 가치

를 부여할 수가 있다. 그런 의미에서 이번 첫 시집은 첫 절정에 다다랐다고 볼 수 있다. 하지만 앞으로 새로운 생각들로 커다란 파문을 일으킬 수 있을 것이라는 기대감이 더 크다. 그것은 시인이 시와 삶에 얼마나 몰입하느냐에 따라 달라질 것이다. 그 이유는 조수일 시인이 "몽상가임"이 확실하기 때문이다. 그리고 "돌부리에 무릎이 깨지고" "뒷걸음질 하고 싶으나" "막다른 밤으로 가는 미궁일까 봐 이끌리듯" 걷고 있는 시인의 모습을 가졌기 때문이다. 두 번째 절정을 기다려본다.

    나는 유약한 몽상가임이 분명합니다
    어제도 그가 뱉어낸 돌부리에 무릎이 깨지고 말았습니다
    타박상 투성이 무르팍을 내려다볼 때마다 이쯤이
    어쩌면 돌아설 지점인지도 모른다고 셈해 봅니다
    뒷걸음질하고 싶으나
    막다른 밤으로 가는 미궁일까 봐 이끌리듯 걸을 뿐입
니다

                                   - 「갈라파고스의 무희」 부분